얼었던 버터가
쓰―ㄱ
발리는

얼었던 버터가 쓱 발리는

장은연

고요

우리는 소행성 2022XA
'점점 빛나서'로 가는 중입니다.

prologue

빛은 존재를 알리는 신호다. 어둠의 상황이라면 더군다나.
연결이 소원해진 시대 마주 잡은 손이 그리웠다면 더군다나.
어떤 방식으로든 생명은 부재의 숲을 건너 유재의 순간이
오기를 기다리지 않던가.
그것도 반짝반짝.
자기만의 방식으로 더 나아짐을 지향한다.
알아차리시기를, 주인공이 그대임을.

65편의 짧은 이야기들은 순간을 잡아 익힌 것이다.
나의 시는 그저 이야기이며 때로는 기도임을 밝힌다.
불씨를 살리려고 애썼다.
한 편이라도 따뜻하게 그대 가슴에 머무르기를.
해 질 무렵 반딧불이의 아름다운 발광처럼.

차례

prologue   5

제1부

secret   12
이상   14
아르페지오네 소나타   16
신청곡   18
기도의 재구성   20
건널 수 없는, 건네고 싶은   22
누나는 오지 않았다   24
사소한 거기   26
그림자   28
동행   29
문턱   30
설강화   32
나무야나무야   34
하필   36
우연   38
고무신   40

제2부

비상   44

169번뇌   45

어떻게든   46

거울에 영근 감나무를 땄습니다   48

빨간 모자   50

온기들   52

새삶스럽지않다   54

그다지 비싸지 않은 초콜릿   56

delight   58

viewtiful   59

시간이 있을 때   60

secret2   61

노각   62

관찰   64

다시, 기억하다   66

꼬마 눈사람   68

제3부

꼬박, 가능성의 기억　72
두 개의 안녕　74
잊혀진 얼굴　76
사각지대　78
빛의 노래　79
빼앗긴 휴가　80
새알심(心)　81
안부　82
어려운 문제　83
레시피　84
어쩌면 지금　86
먹통　88
35.5　90
집으로　91
스케치북　92
백프로　93
닮은　94

제4부

은유에게　98

고요　100

flow again　102

탈출　104

유보　105

꿈　106

역방향　108

첫 계절의 다짐　109

부탁　110

자가포식　112

골굴사　113

29020아침　114

궁극의 도　116

어떤 뜻　118

기억, 먼 그리고 후　120

농담　122

epilogue　124

버터를 녹인 음악들　126

제1부

secret

햇살 계단 위 작은 집
부처 손에 앉은 손바닥 꽃집
하나 속에 열이 있고 열 속에 아무것도 없는
어쩌면 무한한
때로는 너무한
숨
향기로움이 숨바꼭질 하는 집

튤립은 기타라 변주 중, 운명 같은 악보는 순환 중

S(세뇨)
1악장 안단테
서서히 시작할 것, 한 잎 한 잎 또박또박 얼굴을 깎을 것

2악장 비바체
생동감 있게 그러나 지그시 나비를 부를 것
아침저녁 창을 바라볼 것
연두 암술머리도 노랑 꽃밥도 빨강 바다로 나가 볼 것

3악장 프레스토
알 수 없는 회오리가 치더라도 웃을 것

오렌지스럽던
파랑스럽던 꽃잎이 마르더라도
긍지를 잃지 말 것

4악장 라르고
천천히 숨을 쉴 것
숨을 벅차게 떨구고
붓꽃이 되는 변신을 사랑할 것

다시 처음으로, D.S.(달 세뇨)

FINALE (피날레)
들판을 키우는 부메랑
더하기의 TURN
나누기의 TURN
변신의 TURN

아무도 캐지 못했으나 이미 알았던 비밀

난 파랑을 품은 오렌지 튤립이었어
파랑 프리지아가 흰 나비를 데려올거래

이상

할머니의 할머니, 그들의 아득한 할머니가
흥수아이를 키우던 곳
주먹도끼로 빗금을 치며 날을 세던 곳
하늘을 막아 줄 문도 벽도 없던 곳
맨발 맨몸 맨 마음이 붙어살던 곳
수줍고 부지런한 손들이
열린 태양을 우러르던 곳

일만 년 전 슬기 사람들이 내놓은
두루봉 동굴로 다시,
두 가슴 이사하는 날

가재처럼 초롬히 껍데기를 벗고
무엇 하나 가져갈 생각마저 숨어드니
곰이 기다리던 백날, 땅에 엎드린 기도
풀어졌다네

높은 곳에 노래 한가락 퍼지는
문대신 고드름이 달리는
손가락 벽화가 연작으로 늘어나는

없음이 지천이라 눈독 들일 일은 없는지라
맨손 맨발 맨몸이 단단해지는 곳이라
마주하는 사람이 정물 되는 일은 없는 곳이라

군더더기 납작하게 재가 되는 돌집
처음, 처음으로 평심(平心)이 된다네

저녁이면 모닥불 한 숨 피우고
곰이 되고 다시, 사람이 될 때까지
검은 하늘에 걸리는 초승달 하나
키우면 좋겠네
굳어진 몸 길 마음 길 훈훈히 녹았으면 좋겠네
동굴 앞 웅덩이 물이 있어야 하느니

아르페지오네 소나타

결국 돈에 안착한 이야기는 쓸모 없었다
고급스러운 소비는 한 철 손바닥 같은 것

서둘러
시무룩한 고요를 가지고 싶었다 가장 슬플 때 작곡한 슈베르트의 아르페지오네가 걸어온다 수작당 이층 아랍의 커피를 울린다 지리산의 한밤을 위하여 앵두나무의 창밖을 위하여 깊어지는 아르페지오네 사라진 음색 차곡차곡 쓸쓸함이 불어 닥친다 검정 투구를 쓰고 가슴 보호대를 한 와일드카드 특별히 허용될 지는 모르나 마에스키가 남은 공들을 진공관으로 보낸다 격정적 스트라이크가 쏟아진다

비극을 지우는 속도 D821
우아한 고요가 살아난다

신청곡

사전의 미로를 돌다보면
끝은
담배 한 개비
음악 한 곡조
어금니에 문 채

겨울잠

쉼보르스카에게 편지를 쓴다
폴란드 중서부 쿠르닉
감탄 3625번지길 절망 777
특이점이 새겨진 주소
언젠가 닿고 싶은 먼 거리
반송 도장에 물들 쉼보르스카의 남보라 집

턴테이블에 올려보는
그녀의 단어
그녀의 하늘
그녀의 《끝과 시작》

봄봄한 입춘
정오 내내 돌아가는
《충분하다》

빙글빙글 반복되는
신청곡

기도의 재구성

비나이다비나이다
저물어가는아비목숨풀어주옵시고
팔십년접은허리펼쳐주옵시고
책상에매인청춘고시합격주옵시고
병원에누운아이뛰노는가슴주옵시고
외곽으로밀려난월세살이중앙으로당겨주옵시고
나태하게낭비하는시간들은거두어주옵시고
세상에둘도없는좋은짝맺어주옵시고
지나가는길에행운의번호여섯개주옵시고
좋은세상병없이원없이한없이가게하옵소서

겁을지나계속되는주옵시고는중단되었다

드리겠나이다마지막남은쌀한톨투명하게쑨죽한그릇
드리겠나이다새벽세시의첫고요를
어제잡은숭어한마리드리겠나이다
드리겠나이다경을읽는낭랑한목소리를
드리겠나이다출발선에세웠던마음을
드리겠나이다업고가지못할황금을
드리겠나이다봄에씨뿌려가진가을호박한덩이를

드리겠나이다세살배기아이의함박웃음을
드리겠나이다드리겠나이다가장처음것과마지막의것을
순간이겁이될때까지내가장소중한것드리겠나이다

드리는나날들이징을울리고있었다
겨자씨한알눈뜨고있었다

건널 수 없는, 건네고 싶은

당신의 문장과 나의 문장은
소와 오, 고집투성이
끝말잇기가 되지 않았다
조금 늦추어 끌었다면
치닫는 산마루, 둥글어지는 끝호수
만났을까

달토끼 전설을 믿던 아이들 따라
흰 소와 검은 오는 물끄러미
그대로를 장전했다

유채가 번지기 시작했고
날과 씨 두터운 아침도 옅어졌다

다시
출발한
당신의 문장과 나의 문장은
소와 소
오와 오
거울 속의 거울 같았다

시옷이 짜낸 단락을
이응이 살려낼 때까지
엊저녁 강 건넌 달이
낮달로 걸릴 때까지

생이 낮아져
바퀴가 굴러
한 편의 샘이 되었다

누나는 오지 않았다

새벽은 이유가 있었다
절박한 눈을 가질
끝까지
뾰족한 주먹을 내밀
확고한 이유가 있었다

아홉 살 철이 기다리는 마당엔
초초한 꽃망울이 두런거렸다

새벽은 오지 않았다
강철 새벽은
피에 베였다
아슬했던 함께, 다정스런 약속은
끝끝내 거절당했다

악수를 청하는
어깨를 털어주는
눈 동 자
눈물 한 방울 얼룩진
가슴 달린

눈 동 자

없었던 것일까

오래도록
새벽은
오지 않았다

사소한 거기

 토요일 오후라 꽤 춥습니다 매화 꽃망울은 교정에도 절 주변 둘레길에도 셀 수 없이 터져 있던데요 당신이 부재하여 손이 시립니다 어떻게든 시계 바늘을 돌리는 시간이 노을로 물들 때쯤 기다림에서 바짝 일어서려 합니다 어차피 다른 것이 없다면 나는 혹은 당신은 하늘을 향해 갈 것이고 언덕을 오르겠지요 그래서 중간쯤 가다 말고 뒤돌아볼 거기, 털썩 앉고 싶은, 달려가 보고 싶은, 흰 발자국이 어여뻤던 고리가 될 만한 폭신한 거기가 급히 필요합니다

 부산역 하늘다리로 오실래요 겹복사꽃이 어여뻤던 참새미 마을 입구, 베어 세워 둔 들깨 옆에 서 있을까요 금정산 고단봉에 올라 고야의 하얀 메아리 질러볼까요 에코도서관 목련이 툭툭 통째 떨어질 사월의 짱짱한 오후처럼 잔치 국수라도 먹을까요

 놀이동산 기차가 기억의 단면을 자릅니다
 어물어물 물컹한 꼬리는 연안로 한식당 청담 테이블 아래로 이동하네요 보리굴비 뜯으며 녹차에 밥을 말며 나눴던 담담 최초의 약속으로 매듭을 땋았었지요 아마 한발은 땅에 한발은 이마에 잔이 넘치도록 가슴이 들락거렸죠

핵심은 오후가 지나야 돌아온다네요
사소한 것이 축을 지나갑니다

마음이 저무는 거기
나의 정원
당신의 나비

그림자

빛을 먹고 살아
어둠을 간직하고 살지
해를 따라 여행을 떠나는
부지런한 뒷모습
길어지고 짧아졌다
사라지는 생애
반복의 회귀
흑백의 거울
가장 늦게까지 마중하는
뒤돌아보는
자화상

동행

다섯 여자는

소란한 반대 방향의 축제를 벗어나
속이 훤한 오류(五流)바닷가에서
푹
동쪽을 바라보며
얼굴을 빗었다

수평선을 좀 더 그었고
갈매기 날개에 앉아
구름 숲을 거닐었으며
해풍에 몸을 말리는
연등 같은 가자미에게
절여 놓은 기억을 꾸덕꾸덕
건네기도 하였다

모자 하나만 걸 수 있어도
모자 하나만 걸 수 있어도
한쪽 페이지로 모여드는 수다

길어지는 다섯의 저녁을
꽉
안고 있었다

문턱

내게
매일의 독백이
필요하다면
청동 거울이 되어 다독이리
단정하게 앉은 백팔배
입으로 번지던 가시들은 과녁에 꽂혀
거꾸러지리
낮게 낮게
조용 조용
몸이 엎드려야지
이마가 닿아야지
그렇게 그렇게
입추와 백로 사이
오십 한 날 얼굴을 붉히던 더위가
넘어가네

설강화

여름이 흩어질 무렵
다산기지의 푸른 빙하가 우편함에 꽂히기 시작했고
이틀 걸러 집 앞까지
함박눈이 배달되었다

공항 가는 강변 거리의 벚꽃이 절정이었던가
장미봉오리가 오래 머물던 무렵이었던가
설강화가 닿아 있을 무렵은 그때까지였다
안녕하다는 흔들림을 전해 받지 못했다

그리고 백일쯤
나는 아난티의 바다에 빠져 있었고
그녀는 안양천을 훑고 있었다
사무치는 장마가 할퀴고 간 풍경을 줍고 있으리라
황량한 바람을 뜯어 엉겅퀴 한 다발을 세우고 있으리라

우리는 거리를 메우는 소음은 좋아하지 않았다

나부끼는 댓잎
내려앉은 잿빛 구름

조약돌 틈새의 시냇물
창을 적시는 피아노
손가락 새로 빠지는 소나기
설강화의 뿌리는 어디에 있는가

손보다 부지런한 발
대지를 누르는 발
나는 가을을 사러 일어섰고
그녀는 겨울 부츠를 벗으려 움직였다

계절과 계절이 자리를 바꾸고 있었다

가벼움과 무거움을 잊은
등이 걸어가고 있었다

무심한 이별이
씨앗 속에 들고 있었다

나무야나무야

큰물이
비발디의 여름 도시를 덮쳤다

아마도 지상에서의 삶이 마지막이라는 예언을
누군가 마중하고 있나 봐

밤새 비가 내렸나 봐 어제도
그치지 않는 소리는 겨울 도시에서 시작했는데
창밖 깨진 풍경은 다가오는 영화 같았어
거칠고 과격한 여름의 물이 도시를 흠씬 안으며
레드우드로 빨려가고 있었으니까

아침 안개는 강둑에 앉아 무언가를 지우고 있더군
하얀 붕대를 풀어 벌목의 상처를 닦고 있었어
지워진 세상은 안개로 포장되어 캘리포니아로 갈 거래
아마 도룡용 한 마리도 같이 간다지

폐가 찢긴 도룡용 한 마리가
공룡 발자국 보호를 받으며
기어가고 있었어

이천만 년을 견딘 거대한 직선,
까맣게 그을린 레드우드 동굴 속으로
사라지고 있었어

밤새 비가 내렸나봐 오늘도
가을 도시는 어디쯤

하필

아들은 교복을 벗고 졸업식 무대에서
트러블 메이커 춤을 추었다
하필 트러블
하필 날아갈 춤을
초록 머리에 빨강 숏팬츠
하필 크리스마스 같은 코디를
어디에서도 볼 수 없었던 트러블
하필 롱다리를

그 긴 다리로 성큼성큼 개근상을 손에 쥐었다
빠짐없었던 의식
가시돋친 날에도 아들은 학교에 있었다
뒤로 도는 삼 년간의 필름이 풀리자
하필 짜장면을
면발이 후루룩 위장으로 넘어가기도 전에
친구들 팔짱을 끼고
하필 덕유산 캠핑을

내일의 이사는
하필 나의 몫

달이 채워지는 동안 이삿짐은 쏟아지고
어제도 어제도 달력은 하루를 생산하는데
작은 보자기는 계속
어제만 남발했다
보자기의 트러블
하필 보자기를, 끝없이 팽창하는 보자기를
압축 상자를 가져와야지
하필 버리지 못하는 트러블
하필 메이커 트러블
하필 트러블 메이커

우연

오늘 세 끼
생명의 양식을 생각하며
계란 세 알을 삶다
태초의 말씀을 잃었다

너의 세계는 알이니라

십오 분이면 하나의 세계가 무너질 터
가스불을 끈다

미지근한 알의 씨를 들춰본다
손바닥만한 기계식 공장도
풀을 밟으며 뛰었던 자유도
두 날개로 가린 채
알의 문을 열고 나올 가능성마저
모른다

푸른 빛 도는 청계
태중의 안락을 열치는 살구 빛
한 세계를 깨뜨리는

그 경이를 보고서야
한 세계를 살리기 위한
유정란의 파각

부리를 내민다
말라가던 막에 비쳐 오르는 상상의 생명

그날 이후
포란(**抱卵**)이 시작되었다

고무신

앞코가 널찍하고 말랑말랑한 너는

시커먼 한 음절의 깃대를 꽂고 있었다

行

어디선가 살다 온 발자국들은 가지런히

댓돌에 몸을 올리고

수보리의 질문들을 묶어 비늘에 꿰고 있었다

일어서는 동자승

행의 군단 지나간다

여름 소낙비 죽순 몇 거둔다

댓잎에 풍경 흔들린다

제2부

비상

 균형을 잃은 지구는 자신의 코를 가리키며 사이를 선언했다
옥수수 수염뿌리처럼 번지는 실금
 느슨한 것들은 손을 놓치고 있었다 비상로 사잇길마저 사람이 사람을 막자 용기 있는 자가 주먹을 쥐고 구멍가게 하나를 열었다

 무엇이든 놓고 가십시오 확 줄여 드립니다
 삼 일 후 '한 방울의 뼈' 코너에서 찾아가세요
 아직도 크고 무거운 것을 좋아하시는 분은 지구 밖 2호점을 기대해 주세요

 온전한 계절만 문턱을 넘었다

 가벼운 사람들 더 가벼워졌다는
 무거운 사람들 2호점 기다린다는
 구멍가게 숨막힌다는

 못 박힌 도돌이표

169번뇌

망양로 405
굽이치는 산복도로 수직으로 모인
계단을 오른다
첫 계단 고요히
숨이 달아나버린 마스크 두 장
북풍에
이태 전 앙코르와트의 여름이
맨발에 떨어진다
비슈누를 만나러
오직 왕만 오를 수 있었던
천상의 계단에 섰다
어깨를 여미고 무릎을 덮고
더 낮게
더 숙여
신의 품으로

어쩔 사이도 없이
일백예순아홉
한 칸 한 칸이
헉헉이는 숨에 데워진다
부산항대교 푸른 빗살에
몸의 무게 가벼워진다

어떻게든

오픈 티켓을 수첩에 넣은 지 오래
헝클어진 머리가 떠난다
이윽고
음력 팔월 십오 일
백 년만의 둥근 달

살아선
처음이자 마지막으로
가슴과 배가
모서리 내어놓고
준수하게 서 있던 각도를 밀어
둥글둥글
부풀어 오르는 날

해가 당도하기 한 시간 전
중리 해변으로 가는
의자 둘
승선한다
파도가 떠난다

수평선 위로
언뜻
떠오르는 해

떠남도
돌아감도
잠시 잠깐의 착각
한가위
첫 기항지는
가족의 눈동자가 어리는 마을

백 년의 둥긂을 빚으러 간다

거울에 영근 감나무를 땄습니다

거울도 조는 아침
새 한 마리 앉았습니다

껍질이 덜 익은 아침은
사과인지 감인지
한참을 알 수 없었어요
노랫소리 짙으니
외할머니 보내신 대봉 같습니다
의령 햇살은 달근하거든요

거울 속으로 툭툭
주홍빛 아침이
쏟아집니다

세 걸음 살짝
창을 열고
입 안 가득 대봉을 땁니다

조금은 더
같이 남겠지요

빨간 모자

왜 그랬니
양귀비에 팔랑팔랑 눈길을 주다니
하늘 끝과 각을 이룬
할머니의 눈동자 흔들리는데
늑대를 먼저 가게 하다니

왜 그랬니
우르렁 우르렁 천둥의 노래에
귀를 먹히다니
바구니 빨간 사과가 말라가는데
곧장 가야했어
그게 엄마의 당부였으니

늑대의 내려앉은 이빨이 아니었던들
한숨에 꿀꺽 할머니와 네가
투명한 막을 씌운 소화제 캡슐처럼
배에 온전하게 당도하진 못했을 거야

왜 그랬니
사냥꾼이 긴 총 대신 날카로운 칼로

스르르 늑대 배를 갈라 은혜를 베풀었을 때
화단을 지키던 돌멩이들을 모조리 가져다가
늑대 배를 채우고 얼기설기 꿰맨 건
그들이 지키던 율법
눈에는 눈, 이에는 이보다 매서운 계략이었지
빨간 모자를 벗으렴
이제 너의 머리는
아이가 아니야

온기들

제자리 걸음도 우주적 행진도
자체 발광
포근함이 떠다닌다

언덕을 부르는 손짓들
숨통을 푸는 신호들
소원했던 온도들 행성으로 모여든다

코코아 한 잔을 건네는 흰 손
달리기를 이긴 심장
사랑이 퍼붓기 전의 두 숨

바오밥 나무 잠이 든다

홍매의 피어오르는 뺨
일을 끝낸 발랄한 운동화
책 낱장에 쏟아지는 수묵화

오렌지 모퉁이 다가온다

생활의 매 순간 새겨지는 온도
그 찰나의 온도를 닮아가는
그 모든 것을 끌고 가는
우리들의 시도(試圖)
얼었던 버터가 쓱 발리는
따뜻한 詩°

새삶스럽지않다

진즉
물가를 떠나 목련 곁을 떠나
아무렇지 않게 계절을 갈아입고 기차에서 버스로 환승하며
살다보니 이런 날들을 데리고 다녀야 했다
방 세 개를 더 내고
너른 탁자도 식구 모두의 침대도 겹치지 않게
극락조 이파리 꺾이지 않게
윗집 옆집 발소리 숨소리 들리지 않게
그들처럼 사층 집은 아니더라도
도시의 하늘이 비치는 그런 곳으로
크리스마스엔 스테인드글라스 오롯한 그런 곳으로
결국 새삼스럽게 고요새가 되고 싶었다
넘치는 버블과 아무런 관련이 없는

불어나는 고양이 새끼 꼬리가 자주 보인다는
낡아가는 집주인이 어른어른
얼른얼른 이사를 커피잔에 올리는 우수아침
새삶스럽게
옮겨갈 풍경에 젖는다

그다지 비싸지 않은 초콜릿

쉿!

그녀는 흔들의자에 앉아 세 시간째 잠들어 있다
그들은 숨 쉬기도 잊은 채 이 어처구니를 바라보는데

들리는 바
그녀는 사 개월 동안
토끼잠만도 못한 노란 경고의 잠을
레몬티 설탕이 녹는 시간 동안
서너 잔의 와인이 혈관을 비행하는 동안
눈을 감아보았다 했다
그럼에도 누구보다 성실하게
사무실에 나가 서류작업을 무사히 했고
상담업무도 매끄럽게 진행했다는데
얼굴은 자꾸만 길어졌고
안색은 불빛에 비친 한지를 닮아가고 있었다
급기야 휘청휘청 그녀의 뒷모습을 지켜보던 과장님이
그다지 비싸지 않은 초콜릿을 가득 담아
이 주 간의 휴가원을 내어 주셨다고 하는데

휴가가 끝날 무렵 전통찻집 경주의 미소에서
유키 구라모토의 레이크 루이스를 들으며
달콤하게 잠을 녹이고 있다한다
사 개월의 불면을 깨트린 초콜릿
레이크 루이스

이후 그녀는 레이크 루이스를 다녀왔고
피아노를 시작했다

그다지 비싸지 않은 초콜릿은
아주 가까이에 있었다

delight

해가 지면
돌아가자
돌아갈 집을 생각하자
무릎을 감싸던 불씨를 끄고
거리 사람들이 놀다 간 투명 창을 비우고
어느 건물의 둥근 등을 차례차례 재우고
여기 이곳에 누군가 있었다는 기척을 지우자
의자를 곧게 밀어 넣고
목 한 모금 축이고
당당하게 일어서자
메타 우주에서 새로 입성한 아바타 아이돌
그들의 춤과 노래를 들으며
내 다리로 걸어 걸어
돌아가자
출발점으로 가자

돌아가는 시점
언제나 기억해야 할 한 가지는
기쁨을 마셨는가 하는 것

자신과 타인을 위한 점
하나의 숨
삶의 닻
delight

viewtiful

난리통에 얼굴이 상했다
깜깜할 여유도 없이
밤새 뒤척였던 하늘
불 꽃같은 행사 후
심장 없는 beautiful은 떨어졌다

당신
새벽 같은 당신
옥상
하늘 옥상으로 오세요

가뿐가뿐
계단을 밟고
어제의 책갈피
마오의 붉은 별을 들고
하늘눈 전망대를 지나
뜨거운 종이 커피를 흔들며
한 마리 구름
청보라 새를 안아보세요

산란 된 beautiful
파란의 파란을 만끽하세요

시간이 있을 때

언제 손을 놓칠지 알 수 없다

기다리지 말자
일월의 달력을
아직이란 나머지를
다음 미풍이 다가올 것임을

아직은 다음을 데려오지 못한다
아무리 싸고 돌아도
희미한 확률이 잔웃음을 칠 뿐
팔씨름하는 시간을 고정시킬 수 없다

아직 시간이 남아 있을 때
지금 달려가자
조금 빠른 지금
미리

다음으로 넘기는 실수는 말자
지금의 바닥만이 내 것이므로
지금의 바닥만이 날 것이므로

secret 2

11.9 hair
미리 가보는 그곳
미래 모습이 과거를 덮을 수 있어
과거 모습이 미래를 뒤집을 수도 있지

보랏빛 전신 거울이 말을 걸었다
뿌리부터 뻗친 머리카락이시군요
제비꽃 카디건의 그녀는
소, 해바라기, 바다를 빨강으로 물들이고 있었다

뻗친 것들은 잘라내요

파랑 검정 노랑
진지하게 던져지는 머리
나부끼는 뿌리
떨어지는 어제
과다한 점심

노각

오래된 당신이 말했습니다
따지 않고 매어두면 커지는 것이 있다고
마시멜로 밀쳐 놓았던 날들이 쌓이면
여름 초록이 가을 들판으로 온다고

어느 날
가지 세 개와 함께 왔던 묵직한 당신
아주 익어 단단하고 여문 당신은
처음이라
바라만 보았습니다

속을 열고서야 알았습니다
쏟아지는 생명
당신은 씨앗이 많더군요
투명한 머그잔에 담아두고선
차마
어쩔 줄 몰라 했지요

남수단 아이들의 검은 입 속으로 넣어주고픈
알맹이 같은

죽기 전 기별을 넣어달라던 엄마의 눈동자 같은

당신이 오래된 이유를
무겁게 내게 온 이유를
심어 보는 아침입니다

관찰

 그녀는 거울과 산다 그녀의 살림은 그닥 늘지 않았고 가끔 단순한 의자들이 들어오는 일은 있었다 언젠가 누구랑 사느냐는 큰 질문을 받았을 때 카메라를 목에 메고 아프리카 탐험을 떠날 차림으로 집을 돌아다녔다 모자는 잊은 채 햇살이 모아지는 날 식구들을 찾았다 이들의 이름은 공교롭게도 전부 우리였다 알고 보니 우리는 마트 영수증의 목록만큼이나 길었고 같은 이름이라 어지럽기도 하였으나 보통의 시간과 공간을 점유한 동지들이었다 놀랍도록 통하는 사이라 여전히 그녀는 거울과 산다 우리의 받아쓰기는 계절마다 조금씩 달라질 뿐 당신의 거울과도 어쩌면 닮은 우리의 우리

다시, 기억하다

앉지 않고 지나가는 날은 없었다
어떤 동작도 앉다에 포함되어 갔다
한때
진화의 이유를 의자가 짊어졌다

진초록 스웨이드 소파에서
포도나무를 태우며 건너온 기억

낡았다는 건
살았다는 것이지
처음보다 맨지르한, 납작한,
떨어져나간, 희끄무레한
빳빳하지 않아도
시간으로 풀을 먹였다는 것이지
밍크 담요를 무릎에 올리고
기린 목에 허리와 다리를
달에 착륙하듯 가볍게 감았다는 뜻이지

오래 흔들린 사이

말도 없이 덜컥
다리 잃은 책상옆

움푹 상처입은 자전거 곁으로
내려놓다니
이상스러웠지

날마다 빗금을 치며
닳은 것과 삐걱이는 소리를 애호할
당신 같은 당신을
기다렸었지

끝끝내
종이배를 흔들던 바람과
늦더위를 씻어내던 소나기와
후드득
트럭에 실려졌지
오래,
기억을 잃을 만큼 한참,
쌓여있다 잘렸고
일부분은 태워져 전생을 잃었지

피어난 흔들림
당신이 잡은
포도나무
시 한 편

꼬마 눈사람

　대설에 큰 눈이 내리더군요 아이들은 이제 환호성을 지르지 않아요 익숙한 것은 동그란 눈으로 보지 않거든요 송정 바닷가 해풍과 놀던 아이만 요괴워치를 처음 만난 날처럼 발을 구르며 노란 장화를 신고 뺑글뺑글 손바닥으로 나를 굴리며 탭댄스를 추더군요 목덜미에 앉아도 달항리 같은 얼굴에 미끄럼을 타고 내려와도 마냥 싱그르르했어요 바람에 밀려 살포시 앉아보는 아이의 둥근 눈동자가 동백나무 잎사귀보다 포근했어요 새벽달 손을 잡으며 기도하는 아이의 바람처럼 나는 점점 커지기로 했어요

　당산 e 편한 세상 앞마당에서 나는 태어났어요 쇼팽의 즉흥환상곡처럼 머리엔 주목나무 가지 뿔이 두 개 박혀 있고요 눈은 차돌이에요 멀리 북한산까지 잘 보여요 입은 일자형으로 러시아 대륙 바람은 마실 수 없어요 코는 붉은 단풍나무가 맡아 평퍼짐 숨이 잘 통하죠 팔은 사선으로 뻗고 벙어리 장갑을 끼고 있어요

　대기가 영리하게 며칠간 온도를 지켜주면 좋겠네요 난 아이의 꿈이니까요 한 밤을 자고 나와도 두 밤을 쏘다니고 돌아와도 그대로이고 싶어요 몸통이 조금씩 흘러내려도 참을 거예요 아이가 삼 일간의 여행을 마치고 KTX에 오르는 금요일 세시에 이별하고 싶어요 겨울의 환희는 그렇게 녹고 싶어요 아이가 떠난 후 순식간에 사라지고 싶어요

제3부

꼬박[1], 가능성의 기억

진흙 한 덩이와 씨름한다
웅크린 어깨를 쥐고 시계방향으로 굴린다
흙을 접는다 접힌다 둥글게 섞인다
남은 힘도 빠진 힘도 모아모아
부드럽게
백번쯤 접힌 흙덩이
물기 빠지고 공기 사라진다
눈감은 암모나이트
속도 입은 럭비공

미래를 가져다 민다
가능의 최대치는 무형의 지금
손의 온도를 먹고 흙은 익어간다
거듭나기위한
굳어지기를 시도해보기 위한 줄다리기

꼬박은 무한이나
아직은 한 결로 무심한
한 덩이 흙

꼬박 열흘

꼬박 여름

언젠가

꼬박 열음

1) 도자기를 만들기 전 흙덩이

두 개의 안녕

당신이 말했다
안녕이란 말은 넣어두라고
영영 돌아올 수 없을지도 모른다고
차라리
북극으로 가자고

갈 곳 잃은 안녕은 에델바이스에 떨어졌다
백 개의 결정체 쏟아지는 눈 때문에
울 수 있었다 한참을
대답도 없이
Good bye

내가 말했다
안녕이란 말을 꺼내보라고
콜럼비아 푸른 빙하사이
흐르는 Hello
봄은 살살
오고 있었다

잊혀진 얼굴

담벼락에 얼굴 하나 묻는다
자네 누구신가
갸우뚱 그 얼굴 똑같이 묻는다
자네 누구신가
기다림에 주름진 얼굴 다시 묻는다
자네 누구신가

자네 누구신가
시간에 물든 당신
이 한마디만 가졌다
지나가는 모든 자네
꾹꾹 되새김질 한다
한 번도 역류되지 않는 당신의 자네

죽음으로 가는 어느 길목쯤의 담벼락
성성한 머리 다발 염모제와 산화제를 입는다
몽글몽글 이십오 분 당신 물들었다
자네 누구신가
소녀로 가는 어느 길목쯤의 담벼락

자네 누구신가

죽음과 소녀 팽팽하게 당긴다

담벼락 그림자 끊어진
시간에 물든
자 네 누 구 신 가
네
누
구
신
가

동네 골목길
담벼락
주름마다 햇살 건져
하늘가 호수로 민다
이제 그 누구도 될 수 없는 당신의 자네
목련에 물든
라일락에 물든
소녀

자네 누구신가
그림자 자네 조는 사이
잊혀진 자네 돌아간다
자네 누구신가
시간에 물든

사각지대

교통사고 다리 하나 잡아먹자 굴비 한 마리 사라졌다
가자미, 고등어
외다리 사나이가 수차례 걷어갔다

CCTV 삶의 고비 잡았다
훔친 끼니 저울질하니 무지와 소외라니

골목길에 흥건한 친절과 라면
고작과 맞붙어 등을 까인다

펄떡이는 놈들
딱한 사나이 따라나선다

헛헛한 사나이
TV 화면에 미끈한 생선 한 마리 부여잡고 신이라 한다

빛의 노래

한 세계를 보내고 돌아가는 나는 지하철 구석에 앉아
바람 부는 집 생각을 한다
아득히 먼 두 시간 삼십 분
떨리는 두 발은 창백해지고
알 턱 없는 초승달은 밤을 잡는데
내 지기도 이쯤이면 이생의 모퉁이를 돌고 있겠지
김포공항을 황급히 비워 이륙하는 20200428
푸른 점 하나 오른다
빠른 하차에 숨이 차는 종합운동장
휘청휘청 다리 건너 여주 가는 버스에 앉아
우두커니 한 시간
작년에 내어 둔 몇 포기 진달래
붉게 덮겠거니 생각을 한다
서리 앉은 주목
차창에 긴 그림자 흔들리겠거니 생각을 한다

빼앗긴 휴가

　시대의 얼굴, 하얀 마스크는 눈동자만 보여줍니다 사람들은 숨은 제대로 쉴까요 탕, 총성도 없이 뚫렸을까요 여섯 대륙 손에 손 잡은 걸 잊진 않았겠지요 열두 살 내게 바이러스가 침투했대요 삼일 동안 열이 올랐고 가래와 기침이 폐로 이동하여 불투명해졌어요 일 주일 간 다닌 곳은 집 학교 학원 운동장도 아파트 놀이터도 학교 앞 문구점도 없군요 코로나가 오고부턴 바깥을 잊어야 했어요 다리가 심심해졌지요 줌 세상이 화면 속으로 온갖 것들을 불러 들여요 검은머리갈매기 민물도요 백록담 광안대교 영진이 수민이 진짜지만 만질 수 없는 움직이는 그림 카드 같아요 해운대 도요코인 1106에 있어요 다행인 것은 아빠가 같이 있다는 것과 창밖으로 겨울 바다가 보인다는 거예요 발을 담글 수 없는 바다라 눈만 깜빡깜빡 신호를 보내요 파도타기를 하고 싶거든요 잘못한 것 같지 않지만 지금은 증세도 없지만 기다려야 한대요 열흘 동안이나 다른 사람들을 위해서 코로나바이러스가 약해질 때까지요 그럼 항체가 생긴대요 그 이후엔 집으로 가겠지요 집밥 엄마 할머니가 유리창에 비치는 것 같아요 무엇을 할지 작은 공간에서 맴맴 제자리 돌기만 할지도 모르지만 한 가지 지구를 구해야겠다는 그림 친구들은 엄마는 할머니는 이모들은 불려오지 않을 테죠 격리, 이 무서운 단어를 품고 싶지 않아요 사실 총성 없이 뚫린 건 지구에요 보이지 않는 총을 부드럽게 꺾어 버릴 순 없을까요

새알심(心)

동짓날 하루 전
애기 달을 빚는다
동글 동글
부서진 세월은 덩이(心)로
차지게 뭉친다
검붉은 어둠 사이
하얀 소원이 익는다
동서남북
밤을 깨트린 팥죽 한 사발
새 아침이 장독대에 앉는다
밝아져라
뜨거워져라
단전에 모여드는
양양(陽陽)한 시간들

안부

잔느, 당신의 영혼
그릴 수 있다면
제라늄 흔드는 붉은 바람 되어 몸에 감을 수 있다면
당신 이마, 당신 코에 얹어 줄 텐데
숨 붙들어 두 눈동자 찍어 줄 텐데
밤새도록
당신을 열어 몽마르트를 열어
당신 치유할 텐데
죽음의 언덕까지 따라온 사랑의 인사
아마도 모를
영원의 마중

모딜리아니 당신, 기다란 영혼에
닿을 수 있다면
초상화로 속삭이던 당신 말 잡을 수 있다면
새하얀 안식처에 함께 잠들리니
당신은 잔느의 아픈 안녕

어려운 문제

잃어버린 오후의 사랑이여
식어버린 일 파운드의 심장이여
남수단 진료실
슈만의 시인의 사랑이 던져진다

한 땀만 기워도 생명은 살아나건만
손가락에 매달린 살가죽은 눈이 없다
한 대의 주사는
한 숟가락 죽에 치이고
일 파운드의 수송비에 깔린다

언제나 어려운 건
실낱 같은 숨소리를 잡아채는 일
장례 걱정으로 검어지는 엄마의 눈동자에
죽기 전 기별을 전달하는 일

꺼져버린 마지막 숨소리여
후두둑 떨어지는
까마귀 발자국이여

레시피

봄은 자꾸만 피고
2월은 해마다 끊임 없이 흐르고
얼음 박힌 손은 주머니에 꽂힌다

범어사 설법전으로 당신이 들어가자
우리는 핑계처럼 모이지 않았다
자시를 기다리는 시스템은 줄다리기에서
이미 밀려가고 있었다

마당에 향을 깔았다

기일의 레시피는
한 송이 꽃으로 마음을 모으는 것
자신을 철사처럼 쉬 구부려
당신으로 칭칭 감아보는 것
기억 속을 함께 걸어보는 것

후리지아 노란 창이 왈칵 쏟아졌다

어쩌면 지금

바람 든다
숫자를 셈하고 베란다 문을 잠갔다
툭하면 잃어버리는 현관 비밀번호를
셔츠에 꿰맨다
입지 못할 따뜻한
살아있는
가장 적당한 순간

비 든다
달력을 얼핏 세고 계약서를 꺼내 들었다
돌고 있는 두 개의 방
물렁해지는 억의 궤도를
둘둘 접어 트렁크에 넣었다
닫히지 않는
머리 주머니를 뒤집을
가장 적당한 순간

먼지 난다
눈을 비비다 감춘 손가락은 단테를 잡았다
서른다섯

돌아설 만큼 멀리 간 나이였다
지옥 여행을 선택할
영혼을 씻기에
가장 적당한 순간

구름 모인다
소금 바다가 울고 있다
한 줌 찍어 빙하를 달래고 레코드판을 올렸다
깊은 보라
하이웨이 스타
광기에 물든 지구를 들어 올릴
가장 적당한 순간

먹통

세븐틴
초록 뺨에 노랑이 물들 보사노바 세븐틴
아침 햇살 충전 후 disconnected
전원을 먹지 않는다

보름의 달빛
두산리를 넘어간다

은근했던
밀크 초콜릿 세븐틴
안색이 검다

보름달 충천 후 disconnected
전원을 먹지 않는다
전원교향곡과 세빌리아의 이발사
박쥐의 생기와 활력이 들락거렸던
음악상자 세븐틴

connected
disconnected

MORE THAN WORDS

DISCONNECTED

초저녁 달은 파동이 짧다
목 짧은 나무 숟가락은 오른쪽을 편애한다
벽장 속으로 들어간 세븐틴
저녁으로 드뷔시의 달빛에 입을 댔다
한 귀퉁이에서 우크라이나의 불안을 휩싼
카키색 행진곡이 튀고 있었다
소매를 풀자 실핏줄로 엉켜버린 AB 세레나데
한밤
꺼져가는 세븐틴

35.5

    배가 추웠을까 상강 저녁은 서릿바람이 불었다 집으로 가는 버스 종일 씹었던 김밥 한 줄이 덜컹거리며 밀렸다 오늘은 무엇을 구했나 아홉을 건넌다 눈 앞 단풍이 지친다 아직은 스물아홉 아직은 마흔아홉 마지막이라는 벽을 치자 간절히 돌아오는 부메랑 국가고시는 제대로, 제대로 붙어봐야지 더 이상의 뺄셈도 덧셈도 먹히지 않는 마무리 임금피크에 말려 화성 거주권은 순식간에 팔려나갔다 무너지는 골목 재개발 사이 전깃줄에 까마귀만 확률도 없이 확신도 없이 어둠을 샌다 그 와중에 아홉 달을 넘긴 국화 늦가을로 피었다

집으로

저녁비 곱다
노을 대신 건너오는 물안개
어스름에 묻어오는 물보라
바람에 스미고 계단에 앉는다

골목 국숫집
한 사발의 멸치
맛을 다하여 휘어지고
데운 비 마주 앉은 시장기
잠잠히 거리를 적신다

가로등 불빛 아래
하루살이 날것들도
신발 닳은 털털 버스도
오늘을 씻는다

창문에 비스듬히 누웠던 노을비
주르륵 어깨를 꿰고 미끄럼을 돌아
집으로 간다
순하게 스르르
돌아간다

스케치북

글을 가지지 못한 **愚**
수업 종소리에
운동장을 왕복하고
솜사탕 구름을 모래로 뜬다
철봉에 올라 국어책을 삼킨다
목을 축인다

그림을 가진 **炫**
목탄 연필 한 자루는
부풀어 오른 점 선 면
스케치북은 생명 나무 무늬로 일렁인다
나무가 떨어뜨리는
암각화 고래, 해와 달
그 틈 지구
미로를 빠져나오는 코끼리 얼굴들
그림 읽어내는 예언들

길을 찾은 **道**
수업 종소리는
흰 스케치북
愚炫의 문자는 태고의 신비로운 약속

백프로

양보는 없다

전부라는 숫자를 이마에 감는다

뼛속까지 백만 개의 세포까지

사이렌이 울린다

백퍼센트 진짜, 세상의 하나

확성기는 단속도 없이

어지럽다

확인보다 필요한 건 강철 무지개

사소한 것이 모든 것이 될 수 있다

아무 노래

아무렇지도 않았던 노래가

세상을 흔들며

 Forte

닮은

설렘을 두세요
브라질의 명랑함
새순의 말랑함
햇살에 hop hop hop 튀어오르는
이국적 연두
여름 셀렘

창문마다 번지는
Hope Hope Hope
당신을 키우는
설렘
붐비는
Hope 셀렘

비행하는
설렘, 셀렘

제4부

은유에게

언제 우리가 만났던가요
문득
십 분이나 이십 분
한 시간이나 연이은 다른 한 시간
모래 언덕에 종일토록 고여있던
찰나의 장면에서
시월 어깨에 걸린
투명한 여름 같은 당신은
백일홍이 피기도 전에 사라져 버리니까요
술래는
잠잠히 길을 걷고 문을 열고
도라지꽃에 앉았다가
노루를 타고
얼핏설핏 눈동자를 굴리며
숲 속을 지나갑니다

스스키노역 소복히 빛나던 설주(雪柱)와
결코 부서지지 않을 청해의 파도는
실뜨기를 시작합니다
가운데 손가락에 서로를 걸고 말이지요
이리로 걸고 저리로 빼는
가까워지고 멀어지는
모였다가 풀리는
엉겼다가 퍼지는

위로 아래로
손고개 능선

그러고보니
매번 알아보지 못 했네요 어스름한 경계
그게 무슨 소용일까요
돌고 돌다보면 굴렁쇠를 굴리다보면
안과 밖은 처음과 끝은
극과 극으로 이어져 사라지는데요

언제 우리가 헤어졌던가요
문득
만지작거리던 열쇠가
철커덕 문을 돌리지 못 할 때
열쇠에 기생하던 녹
가깝게 붙어있던 산화된 시간이
어떤 응시가 당신이기에
다행입니다

당신이 잣는 물레질은
바나나 트럭 스피커가 생기 있는 오후에
골목길 들썩한 아이들의 신발에
노을 실은 저문 강에
옷을 입힙니다

고요

흰 종이에 뿌려진 언어의 눈발
해독 불가의 점들은
이국의 땅
손가락에 말을 건다
매 순간 빨아들인다

싸락눈을 읽는 핏발 지문
더듬더듬 너에게로 가는 길
오늘 에피소드는 유난히
길고 길어진다
기도
이루어지고 있는 것인지

그러려니 살아 온 생의 순간에
여섯 점이 몸속으로 기어들자
생은 부활했다
빛이 되소서
눈발은 그치치도 않고 달라붙었다
녹지 않는 안테나
다른 생이 되어
돌아다니기 시작했다

flow again

흐르는 것은 길을 낸다네
보이는 보이지 않는
먼 틈
부조된 시간이 박혀 있다네
돌덩이에 무릎 내주고
갈바람에 얼굴 깎여도
샛강에서 숨 돌릴 뿐

again

반복되어 흐르는 것은 파동이라네
진동하여 출항하는
무한 동심원
악수하는 중심
방향탄이 걸어온다네

열리는 바다
흐르는 것은 닿는다네
언젠가는
어느 곳으로든

flow again

시간의 노를 저어

생명 나무로

again

flow

탈출

시월
숲의 어깨엔
지친 여름이 걸려 있고

사건 31
경위도 묻지 않고
철컥
입찰이다

기차는
줄지어 새들을 태우고
날기 시작했다

조급한 생성
급조된 시대
플랫폼으로 트라우마가 열린다

유보

    출입통제 안내장이 곳곳에 붙었다 붉은 봉을 든 몇몇 직원과 주차된 차들뿐 집단감염으로 얼어붙은 도시 말을 잃은 사람들은 거리를 활보하지 않았다 임시 검역소에서 체온을 재고 서너 문진을 끝내자 연두색 pass 스티커가 손등에 착 병원 입구에 S를 내려주고 길섶에 차를 바짝 댔다 천막 위 푸르롱 새들이 간간이 흩어졌다 푸른 봄볕은 밖으로 신호를 보내고 있었지만 운전석에서 꼼짝하지 않았다 S에게서 세 번의 전화가 왔다 먼저가라고도 했고 대기 환자가 스무 명은 족히 된다고도 했다 얼마 전 뇌수술을 받은 직장 동료 부인을 만났다고도 했다 그런 것들이 혼자 갈 이유는 아니었다 주머니 속 반질반질한 차돌을 잡았다 놓쳤다 제2주차장으로 들어가 시동을 껐다 정면 장례식장에도 대국민 출입 제한 안내문이 협조를 구하고 있었다 '보류된 죽음' 마지막 인사도 통제당한 것인지 괴괴할 만큼 사람이 없었다 라디오 주파수마저 지지직거렸다 차 앞 유리로 햇빛이 쏟아졌다 버튼을 왼쪽으로 돌려 라디오를 껐다 계기판의 숫자 2011. 03. 27. 날짜도 시간도 뒷걸음을 친다 '기다릴게 검사결과는?' 주머니 속 차돌을 꺼냈다 차갑다가 뜨거웠다 차돌 중앙의 투명 테이프 아래 글씨는 끝내 읽을 수가 없었다

꿈

헤라클레스의 발가락을 물고 사라진
푸른 물방울은 달빛에 걸음을 옮겨
감쪽같이
돌게 껍데기를 쓰고 소래포구에서
아이로 태어났다

음력 오월 초이틀
새벽 네시 삼십분
달을 삼킨 아이

나의 입엔 달이 사오
하루하루 모양과 밝기를 조정하는
희한한 녀석이오
당신 입맛엔 맞을지 모르겠소

나의 입엔 게가 사오
바다와 민물
밀물과 썰물
어디로든 발을 담그오
집게발은 먹이를 물어오고

나머지 발은 헤엄을 치거나 산책을 하오

가끔
입을 덮어버리기도 하오
청흑색의 피를 가진
한 장의 등딱지
그게 나의 독립문이라오

역방향

줄무늬 양말을 올리다
지난 일요일
토마스 기차를 타고 간 월리에게
도착 문자를 받지 않았다는 것이 생각났다

그날따라 사람들은 백 년 전 코드대로
옷장에서 빨간 줄무늬 티셔츠를 꺼내입었고
파랑 면바지에 모자
검정 백팩
펌프스 브라운 신발을 신고
마을에서 해변에서 스키장에서
캠핑장에서 공항에서 야구장에서
박물관에서 바닷가에서 사파리 공원에서
백화점에서 놀이동산에서
수천 명의 월리가 역으로 뛰어 나왔다

도시 전체가 월리의 탑으로 흔들거리기 시작했다
아무도 월리를 부르지 않았고
누구도 월리를 돌아보지 못 했다
홍수 같은 월리 사이로 난처함만 떠다녔다

역방향의 기차를 타고서야
월리의 얼굴이 지나가기 시작했다
줄무늬 터널로 사라진 문자가 쏟아지고 있었다

첫 계절의 다짐

반복의 무덤은 무거웠다

새날이 익숙했고
새날은 어색했다

새해가 되면
반복되고
반복되어야 하는 성실을 신는다

그것이
나의 노래임을
나의 노래가 됨을
새(新)가 됨을

철 지난 신발을 벗고서야 안다

주술 같은 반복
날아오르는 새(新)

부탁

침대 위
식어버린 귤 두 개를 위한 노래
쉽지 않았다
옥상으로 올라 하이힐을 헐렁히 벗고
귤을 베어 무니
시큼한 싸락눈
찬양하는
할렐루야

자세히 봐 달라는
오래 봐 달라며
이만 원에 넘긴
루비의 구겨진 부탁을
귤을 위한 멜로디와
합체할 수 없었다
앉아있는
할렐루야

안약을 사는 검은 루비
소주 두 병으로 밤 깊은 골목길

응급실에서 호흡을 잃어가는
베아트리체를 위한
오렌지카운티를 위한
알 수 없는
할렐루야

자가포식

녀석들
기다린다
둥글어진 몸이 납작해지기를
폭신하고 연한 것들은 꺼져버리기를
단단한 뼈 그 위 살포시
덮힌 옷이기를
열여섯 시간 투쟁한 몸이기를
투명한 위장이기를

야생의 시장기
최초의 배고픔이 들린다

지금이다

차례가 된 듯
근육을 찢고 나온 녀석들
혈관 끝에 매달린
입이 쌓은 산
산과 산의 잔해를 무참히 삼킨다

절제의 압핀을 꽂고 나간다

골굴사

당신이 머무셨군요
모로 누워 불두화 베개를 돋우고
불을 꺼버린 석굴
구멍마다 검은 불상들이 안락한
지혜를 태우고 있더이다
정좌한 함월산이
마애불로 내려앉은 곳
오직 마음, 마음이 이루는
무애(碍)의 땅

29020아침

    무릎을 따라 힘내라 병원에 도착했다
    대기실엔 헤지고 닳은 억척들이 붐볐다 아직은을 주장하던 삶의 훈장들은 이제는 앞에서 울먹거렸다 웬만하면 축을 바꾸라는 진료실
    생의 쓸모가 들락거리며 재생불가의 주사를 맞는다
    손돌바람이 시린 소설 아침
    위기를 넘어 절정의 에피소드 한 달 치를 처방받는다

    왼쪽페이지로 탈주한 깁스한 왼다리
    당분간 사랑은 한사코 주머니에 넣어두세요
    식후 삼십 분
    무릎이 지나온 언덕을 빠짐없이 체크해 오세요

    자작나무 따라 집으로 가는 길
    자전축 더 기운다

궁극의 도

이방인은
낭떠러지 아래 물살이 아찔하다
불길하게 흔들리는 출렁다리
궁수 진이 걸어간다

화살을 시위에 건다
천 발의 반복
천 개의 궤도

집중
무위

머릿속으로 길이 걸어온다
궁수와 활과 표적이 한 점에 걸린다
그 찰나
시위를 놓는다
궁수의 욕망 떠난다
바람을 이기고
가없는 한 점 체리에 꽂힌다

과녁을 초월한 직관
우주에 머물고
활의 길 사라진다

활과 화살과 표적은
사라진 지 오래

궁수는 책상 다리를 붙이는
목수로 돌아갔다
명장을 찾아 헤매던 이방인은
영혼을 닦기 시작했다

궁극의
아름다운
무(無)

어떤 뜻

두 음절의 단어가 아침 해를 가를 때가 있다
분연히 일어난다
말랑한 것들은 가쪽으로 밀려나 얼어붙고
골골골 맴돌던 마음 앞에
흰 벽과 돌탑이 선다
뼈들도 나란히 차렷을 취한다
새벽을 세우는
그 이상도 그 이하도 없는
결기
어디선가
나가 나가 용사여
독립군가 퍼진다

기억, 먼 그리고 후

팔 년 전 오늘
우리는 신라의 미소를 향해 갔다
카페 열차의 길쭉한 휴일에 앉아
팔월의 신록이 구르는 것을 보았다

칠 년 전 오늘
우리는 바다의 노래를 낚고자 했다
칠 번 국도의 반직선과 반곡선을 따라
싱싱하고 통통한 여름이 미끄러지듯
입속으로 들어가는 것을 보았다
신청해두었던 Summer 곡조에
능소화 신발 끈을 매고
머리를 흔들며 파란과 마주했다

육 년 전 오늘
우리는 옥상으로 달마중을 가고 있었다
손바닥만한 두 개의 창을 지나
밤의 열기를 잊으려는 텐트가
한여름 밤의 꿈이 되는 것을 보았다

사 년 전 오늘
우리는 별빛을 만나러 메트로시티에나 있을법한

큰 배를 탔다
이탈리아 가곡도 칠월의 청포도를 닮은 멜론도
새끼손가락만한 치즈도 쏟아졌지만
프로펠러가 멀리멀리 속초를 지나 블라디보스톡 청해를 건너 미나모토 항까지 데려다줬지만
칠 일 내내 폭우만 보았다

삼 년 전 오늘
우리는 숲속 작은 집을 만나러 가고 있었다
하늘에 닿을 듯한 메타세콰이어 그늘에 앉아
아름드리 재목 네 개면 새삼 경이로운 집을 가질 수 있으려니 하였다

이 년 전 오늘
그로부터 지금까지
우리는 최초의 도서관 알렉산드리아로 가고 있었다
책 그늘에 앉아
함께 갈 수 있는 모든 곳으로 가고 있었다
모두에게 말하리
헤어날 수 없었다고

그리고 오늘
자유를 데리고 다시 출발하였다

농담

한 때

지도의 배꼽에 눈독을 들이며

엘리베이터를 타고

그물을 던져 빛나는 것을 잡아 두고 싶었노라

세상의 모자, 울룰루 붉은 바위로

달려가고자 했노라

만디길 아찔한 기울기가 싫어

평지에서 뒤꿈치를 올리고 싶었노라

나는 수평으로 누운 180도가 좋아

집도 사람도 평평했으면

수평으로 짝을 맞춰

별빛 받아내는

평상이 되었으면

epilogue

모든 것은 연결되어 있고 사이가 연결을 지탱합니다.
시간에 물들 때에도, 시간에 저항할 때에도
사이가 필요합니다.

비밀의 공간
비밀의 시간
무엇인가 막힐 때마다 필요한 비상로
"사이"

사이는 다음의 시간을 알려 줍니다.

사이사이마다 시를 적었습니다.
허술한 구멍도
여백 없는 페이지도 많습니다.
부족한 사이는 여러분이 연결해 주시기를.

2022.12.
kasten창가에서
용기를 가지고 장은연

버터를 녹인 음악들

1부 Chuva - Mariza
　　아르페지오네 소나타 D.821 - 슈베르트
　　사계 여름 - 비발디

2부 거울 속의 거울 -Arvo Part
　　레이크루이스 - 유키구라모토

3부 시인의 사랑 op.48 - 슈만
　　Highway star - Deep purple
　　Don't know why - Norah Jones
　　More than words - Extreme
　　전원교향곡 - 베토벤
　　세빌리아의 이발사 - 로시니
　　박쥐 서곡 - 요한 슈트라우스
　　달빛 - 드뷔시

4부 무언가 op.19 - 멘델스존
　　독립군가
　　Summer - Joe Hisaishi

얼었던 버터가 쓱 발리는
장은연 시집

초판 1쇄 발행 / 2022년 12월 13일

지은이 / 장은연
편집디자인 / 윤창수(studio윤이)
펴낸곳 / 도서출판 고요
펴낸이 / 장은연
등록 / 제325-2021-000001호
주소 / 부산광역시 중구 대청로 135번길 11
e-mail / universeey@daum.net

ⓒ 장은연 2022.　　Printed in Busan, Korea

ISBN　979-11-980298-1-2　(03810)
값 10,000원

※ 이 책 내용의 전부 또는 일부를 재사용하려면
　　반드시 저작권자와 출판사 양측의 동의를 받아야 합니다.

본 사업은 2022년 부산광역시, 부산문화재단(부산문화예술지원사업)으로 지원을 받았습니다.